了不起的故宫

热闹中国节

有鱼童书 著/绘

化学工业出版社

·北京·

图书在版编目（CIP）数据

热闹中国节 / 有鱼童书著 / 绘 .—北京：化学工业出版社，
2020.10（2023.7 重印）
（了不起的故宫）
ISBN 978-7-122-37474-5

Ⅰ . ①热… Ⅱ . ①有… Ⅲ . ①故宫 – 北京 – 少儿读物
Ⅳ . ① K928.74-49
中国版本图书馆 CIP 数据核字（2020）第 139651 号

责任编辑：张　曼　龚风光　　　　　　内文设计：朱廷宝
责任校对：宋　玮　　　　　　　　　　封面设计：尹琳琳

出版发行：化学工业出版社（北京市东城区青年湖南街 13 号　邮政编码 100011）
印　　装：天津市银博印刷集团有限公司
787mm×1092mm　1/16　印张 6　字数 100 千字　2023 年 7 月北京第 1 版第 10 次印刷

购书咨询：010-64518888　　　　　　　售后服务：010-64518899
网　　址：http://www.cip.com.cn

定价：39.80 元

名家推荐

　　"了不起的故宫"系列富有知识性和趣味性，当孩子们打开这套书时，那些枯燥的建筑和历史知识立刻变得立体和鲜活起来，变得有品质、有趣味、有美感，我们可以把故宫带在身边啦！

　　——国家"五个一工程"奖、全国优秀儿童文学奖、国家图书奖、冰心儿童图书奖获得者，著名童书作家　王一梅

　　故宫不仅是一座古老的宫殿，更是中华文化的至宝，它穿越时空，沉淀丰富的文化和生活细节。"了不起的故宫"系列专门为青少年量身打造，通过有趣的故事和知识播种文化的种子，激发孩子对传统文化的热情。

　　——国家"五个一工程"奖、全国优秀儿童文学奖、国家图书奖、宋庆龄儿童文学奖、冰心儿童图书新作奖获得者，著名童书作家　冰波

　　故宫是中国最大最美的建筑宝库，中国人的营造智慧中充满了永不过时的哲学和思想。故宫的红房子里还藏着无数秘密，历史的秘密、皇帝的秘密、奇珍异宝的秘密、怪兽的秘密……这套书就像福尔摩斯，带着我们去侦破秘密。

　　——中国作家协会散文委员会委员，人民文学奖、朱自清散文奖获得者　蒋蓝

　　故宫不仅是一座宫殿，也是一部中华文明史。故宫不仅年老，也很年轻。故宫不仅是文化专家研究的殿堂，也是青少年学习的宝藏。故宫不仅是中国的，也是世界的。"了不起的故宫"系列做了一件了不起的事！

　　——全国宣传思想文化青年英才、讲好中国故事专家　孙敬鑫

故宫是一座神奇的建筑群，"了不起的故宫"系列精心再现昔日故宫的建造故事，有颜有趣有料，好看好读好玩！

——著名摄影家、《看不见的故宫》作者　李少白

600个春秋，72万平方米的广阔空间，近9000间房子，180余万件馆藏文物，面对如此巨大而丰富的故宫，你的探索之旅准备从哪里启程呢？"了不起的故宫"系列提供了这样的可能：和"样式雷"一起画图纸盖房子，围观皇帝一天的生活，寻找藏在建筑里的神兽，欣赏藏在宫殿里的大宝贝，看工匠们搬木材、运石头、建皇宫，还可以一起过个热闹的中国节。我相信，不只是孩子们能够从书中找到解开故宫密码的钥匙，家长们也能发现红墙黄瓦间不一样的风景。那就带上这套书，一起去故宫吧！

——考古学博士、艺术史专业博士后、中央美术学院教师、《国家宝藏》国宝守护人　耿朔

翻开"了不起的故宫"这套专为孩子量身打造的故宫百科，宛如一双稚嫩的小手推开紫禁城厚重的朱漆大门，进入穿越时空的门洞。故宫俯下身来为孩子讲述奇妙的故事，破解有趣的谜团，打开好玩的百宝箱，送上惊喜的礼物。"博物馆奇妙夜"的创意和"我在故宫修文物"的匠心，让收藏在禁宫里的文物活起来，给未来种下一颗有温度的"中国芯"，静待花开会有期！

——故宫博物院博士后　池浚

宫里的中国节

　　小朋友们喜欢过节吗？过节你们最盼望的是什么？是吃节日美食，还是收到节日礼物呢？

　　咱们中国有五千年的悠久历史，诞生了许许多多的节日，比如辞旧迎新的春节、张灯结彩的元宵节、吃粽子的端午节、吃月饼的中秋节等。这许许多多的节日，连接起来就是一幅历史文化长卷。每个节日都有特定的习俗，你看：中秋节要赏月、吃月饼、玩花灯、喝桂花酒；最隆重的春节要贴春联和"福"字，除夕夜吃团圆饭、守岁，大年初一要穿上新衣服给长辈拜年，小朋友们还能收到压岁钱。

　　可是，你知道这些节日都是怎么来的吗？

　　其实，这些传统节日都是古代人设立的。它们有些起源于美妙的神话传说，有些是从祈福祭祀活动演变而来，有些是为了纪念伟大的先人，有些则是自然时令的民俗活动。这流传下来的每一个节日都反映了古代人民的社会文化生活，是中华民族传统文化的体现。

　　在古代，普通民众很重视对节日的庆祝，皇帝家的过节仪式更为隆重、规矩更多。你是不是很好奇，住在故宫里的皇帝一家人是怎么度过这些节日的呢？

过新年，皇帝会放假吗？

皇帝家的团圆饭是什么样的呢？

新年皇帝会许什么愿望呢？

中秋节皇帝家也会赏月吃月饼吗？

皇帝生日的时候会吃蛋糕吗？

亲耕礼上皇帝会亲自耕田吗？

如果你也想知道皇帝家和普通人家的生活有什么不同，那就让我们一起坐上时光列车，穿越回古时候的紫禁城，和皇帝一家人欢欢喜喜地过节吧！

清《万国来朝图》局部

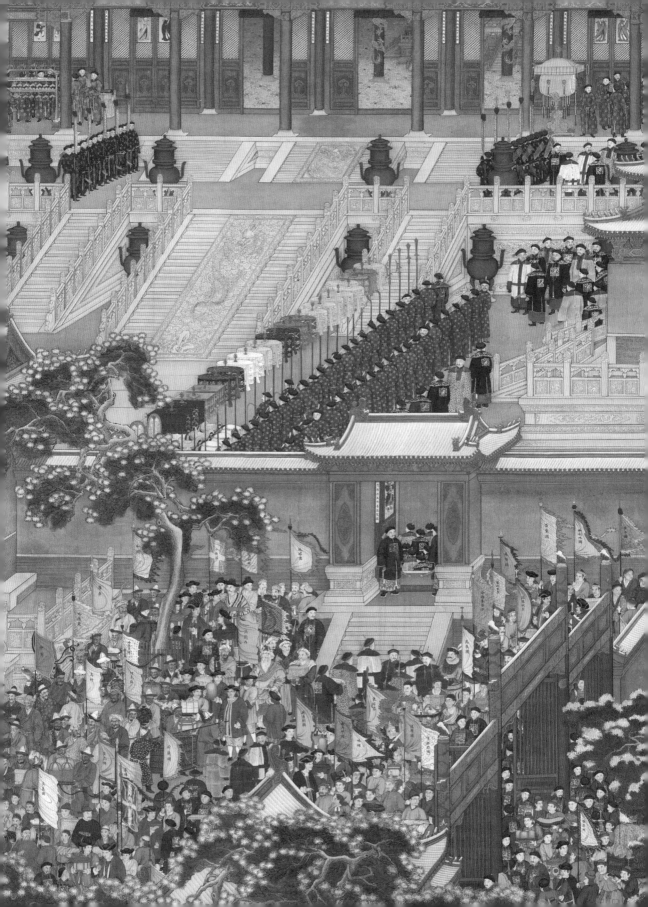

目 录

壹 宫里过大年

过新年，皇帝放假吗	02
腊月二十三，请灶王爷吃糖	04
新年豪华宴会谁出钱	06
皇帝家的除夕团圆饭怎么吃	08
除夕夜，来份消夜果盒	12
古时元旦是哪一天	14
宫里的饺子什么馅儿	16
过新年穿花衣	19
过大年看大戏	20
宫里的"福"字为何这么珍贵	22
皇帝会许什么新年愿望	24
元宵节宫里看花灯吗	26

贰 宫里节日多

立春为什么要"打牛"   34

皇帝也会耕田吗   36

皇后为什么喜欢养蚕宝宝   38

一次有趣的坐火车祭祖   42

端午节皇宫里要吃掉多少粽子   46

宫里七夕这天玩什么   50

中秋节,皇帝玩得真开心   54

皇宫里的月饼竟然这么大   56

重阳节,吃花糕   60

冬至到,皇帝要祭天   64

皇宫里的千人冰上运动会   66

叁 宫里的大典礼

皇帝怎么过生日呢   72

好玩的生日礼物   75

盛大的登基典礼   77

写给孩子的话   83

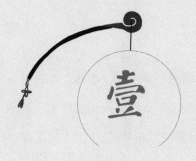

壹

宫里过大年

过新年，皇帝放假吗

在中国北方人的传统里，腊月二十三叫"小年"（南方人腊月二十四过小年），意思是过年从这一天正式开始了。一到过年，小朋友和爸爸妈妈都会放假。那宫里那个爱工作的皇帝放假吗？

当然，皇帝也会放假，那皇帝从哪一天开始放假呢？

原来，在过小年之前，官员们会选一个吉利的日子，为皇帝举办一个特别的放假仪式——"封宝"。到了"封宝"仪式这天，人们在交泰殿点上香烛，放上美酒和水果，把清洗后的代表国家权力的印玺放在黄案上。皇帝高高兴兴地来到交泰殿，拈香行礼后，这些印玺便会被封存在宝匣里面，

清《万国来朝图》局部

过年期间是不允许打开的。

印玺是国家的印章，皇帝发布各项命令可都离不开它，为什么皇帝要在这一天把它们封存起来呢？原来，从这一天开始，皇宫里就进入新年状态啦，皇帝这是在和天下百姓说："我要开始放年假啦！"

不仅如此，从康熙年间开始，皇帝在除夕还要"封笔"呢！也就是说，有段时间皇帝不仅不能用他的玉玺，也不能动笔批奏章了。

如果真的有紧急的大事怎么办呢？据说乾隆年间的一个除夕，乾隆皇帝就接到前方紧急军报，军报上请求皇帝下旨运拨军粮，于是，乾隆口授大臣，由其代为用蓝笔批奏，皇帝不再"朱批"。

皇帝放了假，还在上学的小皇子们可以放假吗？

清朝末年，辛苦读书一年的皇子们从"小年"这一天就不用再去上书房读书了。但在清朝前期，皇子们还要读书，直到大年三十，老师才会早下课一小会儿。放了假的皇帝一家人，也会像现在的平常人一样，团聚在一起。皇太后要亲自制作糕点，供奉在佛堂前，以表示自己的虔诚，皇帝会和皇子们一起在庭院内点爆竹，庆贺新春。

蓝批

蓝批是指大臣用蓝色笔墨代替皇帝批阅奏章，或者修改皇帝的批示。例如皇帝未亲政，由大臣理政，或者遇到紧急情况，皇帝无法理政，内阁大臣以蓝批代替皇帝的朱批。不过，皇帝在国丧时期也会改用蓝批，时间一般为27天，27天之后，恢复朱批。

朱批

皇帝在大臣的奏章上以红笔作批示称朱批。皇帝的常用批语有"知道了""该部知道""该部议奏"等。

腊月二十三，请灶王爷吃糖

为什么腊月二十三这天，人们要请灶王爷吃糖呢？

原来，在人间，每家每户都供奉主管人间饮食的灶王爷，传说腊月二十三这一天，灶王爷要向他的上级玉皇大帝汇报人间的情况。为了让灶王爷在玉皇大帝面前多说说自己家的好话，人们会在这一天用糖祭祀灶王爷——这就叫祭灶，希望灶王爷的嘴巴变得"甜甜的"，这样玉皇大帝一高兴就会让自己家来年衣食无忧，顺顺利利。

这一天祭祀用的糖是人们非常用心地将小麦和糯米制成的又甜又黏的麦芽糖！因为麦芽糖常常会做成圆滚滚的南瓜模样，孩子们又叫它"糖瓜"。

那么，宫里会不会祭灶呢？宫里在哪里祭灶呢？

宫里选在坤宁宫祭灶，这里也有"灶"，专门用来在祭祀活动时煮肉。腊月二十三的前几天，太监宫女们就会把坤宁宫的四壁都贴上灶王爷的画像，然后恭恭敬敬地摆上给灶王爷的礼物：皇帝从皇家猎场打的羊、各种酒菜以及口味不同的麦芽糖，再摆上神案和香烛。皇帝和皇后都会身着盛装，亲自给灶王爷行大礼，表示对他一年辛苦的感谢。传说，乾隆皇帝还曾经亲自带上乐器，为灶王爷唱歌呢。看来，皇帝一家人和普通人家一样，是非常敬畏灶王爷的！

　　皇帝皇后走后，皇子皇孙们会把御膳房熬好的麦芽糖浆认认真真地抹在灶王爷的嘴巴上。等到灶王爷"吃"完了糖，皇子皇孙们也就稳稳地坐下来开始吃糖瓜了。

小年

腊月二十三，即农历的十二月二十三日，离过年还有一周左右的时间，这时候，大家开始准备年货，打扫房间，以及其他一些过年的事情。

宫里的春联为什么是白色的

　　每到过年的时候，人们就会在大门上贴春联，庆祝新年。不过，清朝的时候，民间的春联是红底黑字，皇宫里的春联却是白底黑字。这是怎么回事呢？原来，清代的皇家是满族，满族的对联和他们祖先"尚白贱红"的风俗有关。

　　满族是以打猎为生的狩猎民族，对于猎人来说，红色是很容易受到野兽攻击的颜色，所以他们认为白色是吉祥的。而且，故宫的宫门是红的、高墙是红的、柱子是红的，贴上白色的春联，看起来会更明显。

　　宫里写春联的人会用墨笔写在白绢上，再制作好边框，悬挂在大红的柱子上。宫里贴春联的顺序也是有讲究的，要从内廷的乾清门、乾清宫处依次铺开，二月初三撤下春联时，也是一样的顺序。

清《万国来朝图》局部

新年豪华宴会谁出钱

　　每到大年初一，身着盛装的皇帝要在太和殿举办一场盛大的宴会，这场宴会有许多王公贵族和外国使节参加。皇帝坐在高高的宝座上，看着群臣在下面举杯欢庆，自己却不怎么吃。这是为什么呢？

　　原来，这是朝廷举办的宴会，皇帝按照礼仪亲临就可以啦，不需要真的吃饭。朝廷宴会可是国家礼仪的重要组成部分呢，每遇到十年国庆或皇帝太后大寿之年的新年初一，朝廷一般都会在太和殿举办筵宴，其他年份举办乾清宫家宴。清朝把朝廷举办的筵宴和家宴分开，最早是从皇太极开始的，但最终形成国家的制度，是在乾隆年间。

　　在太和殿举行筵宴时，光禄寺官员还有侍卫大臣等，会提前在大殿内皇帝的宝座前摆好皇帝专用的金龙大宴桌。王公贵族和官员们也要早早地按级别在太和殿前广场站好，他们吃饭的桌子一般会摆在太和殿内和太和殿外的丹陛台阶上，等级低一些的大臣的餐桌会放在临时搭建的黄色帐篷或蓝色帐篷里面。

大约在中午时分，皇帝驾临太和殿。这时，皇家乐队会奏响专门的音乐，钟鼓齐鸣，十分隆重。皇帝在乐声中坐到宝座上，官员们要向他行礼，祝贺新年。随后，宴会就正式开始啦。这时候，太和殿广场已经成为中国最大的露天宴会厅，浓浓的饭菜香和酒香，午门外都能闻到。不仅如此，宴会上的食材使用也是惊人的，据说，宴会使用的桌子数量一度达到200多张，这顿饭能吃掉数不完的鸡鸭鱼肉，喝掉很多的酒。

这么大场面的宴会要花掉国家多少银子啊？聪明的皇帝想了想，有点儿舍不得，于是，他想了个办法：自己那桌的花销由国库出，其他的费用由大臣们自己出，官职越大，交的钱越多。于是，宴席上的酒肉花费都按照职务分配给大臣了，爵位越高的亲王要进献的食材、酒就越多，甚至连餐具都要备好，"礼物"连同"送礼人"的官职姓名都要写在礼单上，交给皇帝审阅批示。

看来，参加这宴会可不轻松，而且官员们进餐、进酒的仪式也十分烦琐。不过，宴会上有"庆隆舞"等歌舞表演，他们倒是可以边吃边欣赏节目。宴会最后，王公贵族和官员们还要再次向皇帝行礼。伴随着乐曲，皇帝起身回宫，群臣再依次退出，一次盛大的宴会就结束啦。

清 姚文翰《紫光阁赐宴图》局部

皇帝家的除夕团圆饭怎么吃

除夕几乎是太监宫女们最忙碌的时候，他们早早地便要在宫里摆设好一张张桌椅，并在桌子上放上各种冷菜、热菜、糕点、水果……一切准备就绪，下午四点，在鼓乐声中，皇帝会和皇后、妃嫔们入座，皇帝一家吃团圆饭的时刻便到了！皇帝一家人可没那么容易在一起吃饭，皇帝和皇后都有各自的膳房，他们的宴桌、餐具，样式、质地、颜色都不一样，菜品的数量也不同，平日里都是各吃各的。在清朝，只有过年时，皇帝和众多家人才能聚在一起吃上团圆饭。

因为妃嫔、皇子众多，皇帝家的"团圆饭"甚至要分为三天。除夕，皇帝和皇后妃嫔吃团圆饭；大年初一晚上，皇帝会和自己的兄弟、儿子们吃；然后另外挑个吉利日子，陪太后太妃们吃。

除夕那天，皇帝和后妃一般在乾清宫享用团圆饭。对皇帝而言，这顿饭比"太和殿国宴"轻松得多。

皇帝吃团圆饭的时候并不是和大家围坐在一张大圆桌上。皇帝、皇后用的是一等宴桌，每人一小桌，其他妃嫔两三人一桌。

皇帝的桌子是最精美的"金龙大宴桌"，上面摆满专用的金光闪闪的金制餐具，先后会摆上点心、冷菜、热菜等整整108道菜品。大宴桌与皇帝的"宝座"之间摆上长几，菜点都摆在大宴桌上，皇帝想吃什么，就命服侍的太监取到长几上。除夕宴会的菜品有烧鹿肉、蒸鸭子等，甚至还有炒鸡蛋。有一种现在很普通的水果，雍正皇帝和乾隆皇帝都非常喜欢，你猜猜是什么？是甜甜的西瓜！

在清朝，冬天吃西瓜可是难上加难。宫里要在夏季西瓜收获时，收集最好的西瓜籽，送到气候温暖的台湾种植，一般八月份下种，十二月成熟。西瓜成熟后，由福建官府的船队从海上运回福建，再送到皇宫里面。过年时只能送来几十个西瓜，除夕宴皇后妃嫔每人只能分到几片，真是非常稀罕！

皇后宴桌上的菜品可比皇帝要少得多，只有64道；到了贵妃以下等级，就是两人以上拼桌，菜品越来越少；到贵人级别，只能三个人分享32道菜。

虽然是家宴，烦琐的皇室礼仪一样也少不了。团圆饭开始时，参加宴会的皇后妃嫔们都要向皇帝行礼，某位妃嫔被赏赐茶、酒或者菜品时，都要行礼谢恩。从皇后到所有妃嫔，参加家宴都是把"妇德"放在首位的，谁也不敢真吃真喝，只是象征性地吃几口，有人回宫后，还要靠消夜果盒的蜜饯充饥。

看来，皇帝一家人口虽多，但除夕的团圆饭，却远没有我们家里老少三代的团圆饭热闹！宫里为了能显示出"团圆"，还想了个办法，叫"转宴"。就是宴会开始不久，宫女太监将宴席上的各类美食从皇帝桌前开始，在陪桌上转一遍。这样一来，在形式上，也算是全家共同享用过啦！

金龙大宴桌八路膳食

头路：四座松棚果罩，里面是青苹果，两边各一只花瓶，内插鲜花；

二路：高足碗9只，盛蜜饯食品；

三路：折腰碗9只，盛满洲点心；

四路：红雕漆果盒两副，共10件果盅；

五路至八路：冷膳、热膳、群膳共40品，主要是关东鹅、野猪肉、鹿肉、羊肉、鱼、野鸡等为主料的菜肴。

除夕夜，来份消夜果盒

除夕夜，民间有守岁的习俗，皇宫里也一样。在中国古代，最常见的守岁食物，就是消夜果儿。民间流行的是消夜果盒，也就是在普通的盒子里随便放点儿奶制品、蜜饯等，守夜的时候吃着玩儿。皇宫里的果盒可是隆重得多，它的名字叫"吉祥盘"，里面有苹果、红枣、栗子、柿子等水果和坚果，谐音"清平五福、早早立子、事事如意"。不过，这些就是图个吉利，消夜果盒更像个摆设。

清宫消夜果盒

有一天，日理万机的乾隆皇帝突然对消夜果盒产生了兴趣，他想看看"消夜果儿"都有什么，准备过年守岁时用。以前装装样子的消夜果盒的地位一下子提高了，御膳房里的御厨们不敢怠慢，赶紧精心准备起来。

御厨们在皇帝居住的养心殿和太后用膳的重华宫内各用

了 52 样糖果、52 样蜜饯，摆出了 26 个不同造型的花鸟图案，还绞尽脑汁地取了很多吉祥的名字。谁知道，乾隆皇帝看了并不满意，他撇撇嘴说："养心殿摆得不如重华宫摆得好！要照着重华宫的重新摆上一套。"

御厨们一看皇帝不满意，可吓坏了，他们战战兢兢地重新准备，照着重华宫的蜜饯加上了杏脯、桂花京糕、松仁瓤荔枝、蜜饯红樱桃，左摆右摆，终于摆出一个"五福捧寿"的图案。乾隆皇帝看了之后非常满意，御厨们长舒了一口气，悬着的心这才放下。

从此，消夜果盒身价倍增，全国各地都会给宫里进贡各种蜜饯。御膳房不断创新做法，消夜果盒慢慢成了后妃守岁时最爱的消遣零食。好吃的果盒，需要大量的蜜饯、果脯，为了储存各地的蜜饯和干鲜果品，皇宫里还专门设了南北两个果房。嘉庆年间，盛满蜜饯的消夜果盒成为皇帝年节赏赐后妃的礼物，后妃们谁要是得到了消夜果盒，会非常开心呢。

清《万国来朝图》局部

古时元旦是哪一天

　　小朋友知道我们的元旦是哪一天吗？没错，就是一年的第一天，1月1日。但中国古时候人们是以农历来过日子的，所以紫禁城里的元旦就是农历的大年初一！

　　按照紫禁城的习俗，元旦这天，皇帝于午夜零点起床，先吃个苹果，意为"岁岁平安"，然后来到养心殿东暖阁，行开笔仪，给祖宗牌位行礼，再到慈宁宫向皇太后请安行礼。这些礼仪完成后，皇帝回到寝宫，等待百官朝贺。

　　天将明时，王公百官在午门外集合，由礼部官员引至太和殿前立位等候。钦天监官员报时后，礼部官员至乾清门，

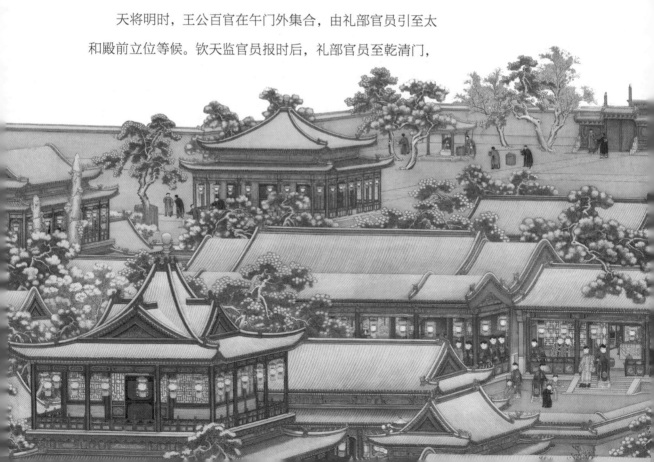

请皇帝赴太和殿。

钟鼓声响起时，御前官员开始对着皇帝三拜九叩，鸿胪寺官员宣读皇帝的新年贺词。听完贺词，文武百官会在奏乐声中再次对着皇帝三拜九叩。仪式结束后，皇帝还会请王公、大学士喝上一口茶，表示祝贺。

元旦大朝会结束后，皇帝会到乾清宫接受后妃、皇子们的新年祝福和礼物。虽说是家人见面，但后妃和皇子们都要给皇上行三跪九拜之礼。

元旦虽然热闹，但一大早便要进行隆重又繁复的仪式，每个人都累坏了。不过一到中午，皇帝会在乾清宫举行"宗亲宴"，皇子皇孙、亲王、贝勒都要来参加，一群人聚在一起，终于能在元旦大快朵颐了。宗亲宴结束后，宫里又要奏乐、演戏。帝王一家便可以开开心心地听戏、喝酒啦。

清《万国来朝图》局部

宫里的饺子什么馅儿

1885 年（清光绪十一年），正月初一，紫禁城里洋溢着过年的喜悦，光绪皇帝并没有和妃嫔们玩耍，而是"躲"在养心殿里吃起了饺子！他一口气吃了 13 个猪肉长寿菜馅儿的饺子和 13 个猪肉菠菜馅儿的饺子呢。

过年时皇宫有那么多好吃的，为什么皇帝们偏偏钟情于饺子呢？

原来，清代皇室贵族们从前一直生活在东北，那里的冬天冷得叫人瑟瑟发抖，这正好利于保存饺子。他们会在除夕前包好饺子，放在室外冷冻，到了除夕夜便开始煮了吃，一连吃上十几天。所以，皇宫里吃饺子，也表示不忘老祖宗的传统。

宫里还流行吃素饺子，这是为什么呢？

素饺子是什么馅儿的呢？

那时东北有将吃不完的蔬菜晾成干菜的习俗，比如豆角、茄子、小白菜。皇帝吃的素饺子里面，除了这些家常的干菜，还加了粉丝、木耳、蘑菇，味道比老祖宗在东北老家做的可要鲜美多了。

传说当年清太祖努尔哈赤起兵时，由于连年浴血奋战，死伤无数。为了表示对死者的悼念，努尔哈赤建立王朝的那年春节，下令过年吃素馅饺子，也有表示不忘祖宗、纪念发祥之地的意思。清朝皇帝们大都严格遵守祖宗遗训，每逢大年初一就要早早起床，更衣后离开自己居住的宫殿，到乾清宫旁的昭仁殿或弘德殿吃素饺子。不过，也有说是因为清宫里有礼佛奉道的场所，所以吃素饺子。那光绪皇帝怎么吃的是肉馅饺子呢？原来清代晚期，祖宗遗训逐渐淡化，饺子馅慢慢由素馅变成肉馅啦。

皇帝要吃的饺子，御膳房可不敢马虎，等皇帝要吃的时候，既不能太烫，也不能凉了。那御膳房怎么掌握下饺子的时间呢？据说皇帝出门入门时，随侍太监都会放一挂鞭炮，御膳房根据鞭炮声音的远近掌握煮饺子的时间，皇帝到小桌前坐稳后，热乎乎的饺子恰好上桌。

皇帝不但吃的饺子味道鲜美，使用的餐桌、餐具也绝不能马虎。嘉庆皇帝吃素饺子的时候，专用的"餐桌"就是木

寓意福高寿高的年糕

除了饺子，紫禁城里过年也会吃年糕。清朝末年过节的时候，御膳房会向慈禧太后送上一碟精致的百果年糕和炸江米白年糕，寓意太后"福高、寿高、年年高"，再配上一小碗薏仁米粥，表示事事如意。随侍的宫女们也会得到几大盘油炸年糕、两大盆薏米粥，配上八宝菜，表示分享太后的福泽。

胎描金漆的大吉宝案，宝案的四周绘有葫芦万代花纹，上面刻着"一人有庆""万国咸宁""甲子重新"三句吉祥语。

我们平时吃饺子会蘸醋，皇帝吃饺子，也会有作料盘，装着酱小菜、南小菜、姜汁醋，各压在一句吉祥语上。太监把饺子盛在专用的瓷碗里，放在大吉宝案的吉字上，请"万岁爷用煮饽饽"。皇帝才能开始吃素馅饺子。

皇帝吃完饺子以后，小太监还会将一块红姜和一个素饺子放到一个盘里面，送到昭仁殿或弘德殿的小佛堂供起来。然后，宫里面大大小小的佛堂里都会摆上素饺子，寓意着请佛祖保佑皇帝一家人新的一年吉祥如意！

宫里过年喜欢吃饺子，不光皇帝喜欢，慈禧太后还会自己包饺子。到腊月底，慈禧太后便会邀请各个王府的福晋、格格们一起到宫里过年。除夕夜零点刚过，大家便一起动手包饺子。到了正月初一，慈禧太后便让御厨煮饺子，大家再一起吃。

有一年，慈禧太后特别吩咐，"宫里头每个人、每个活物，都要有一份饺子，这是老祖宗留下来的恩典"。于是，首领太监"嗻"的一声，赶紧传下去。很快，宫里的狗狗猫猫、慈禧最喜爱的小猴子、各宫玩赏的鸟儿都领到了饺子，以示"皇恩浩荡"啦。

过新年穿花衣

明朝时有规定，过年期间，文武百官上朝时要穿上象征吉祥的红色官袍；到清朝的时候，则规定大臣们重大场合要穿"蟒袍"，俗称"穿花衣"。

"蟒袍"的蟒可不是我们在动物园里面看到的、吓人的大蟒蛇，而是一种类似龙的、传说中的动物，龙和蟒最大的差别，就是龙的爪子有五指，而蟒的爪子只有四指。蟒也分好几个级别，坐着的蟒因为能显示蟒的全身，所以更加尊贵。

有趣的是，虽然皇帝的哥哥弟弟——就是王爷们，或者皇帝的儿子，身上的衣服也绣着五爪的龙，不是四爪的蟒，但所有人都要视而不见，就叫它们"蟒袍"，因为只有皇帝才有资格穿"龙袍"哦！

有些重大节日举行宫外庆典时，朝廷还要求围观的百姓也要"穿花衣"，这可难为了家中拮据的百姓。有人急中生智，就用画着蟒的彩纸做成"一次性花衣"，节日时披上，别人看了也纷纷效仿。

清《万国来朝图》局部

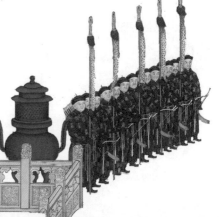

过大年看大戏

清《乾隆平定准部回部紫光阁赐宴长卷画》局部

新年的时候，小朋友们是不是都要看"春晚"？那皇帝一家在过大年的时候会不会看"春晚"呢？也会，不过他们的"春晚"是一场场大戏！

皇帝和家人为什么喜欢看戏呢？原来，清军入关后，发现汉族的戏曲不但形式多样，情节有趣，还能表达赞颂和祈福，所以他们都十分喜爱。深居皇宫的皇帝和后妃们乐此不疲。在新年和其他节庆期间，演出与这个节日有关的戏曲，专门有个名字叫"节令戏"。清朝康熙、嘉庆皇帝都是大戏迷，乾隆皇帝更是热爱戏曲艺术，他让词臣对宫里的戏剧进行改编，这些剧目就更好看，也更有皇家气派啦。

这些戏曲一般在开场和剧中进行赞颂，在结尾祈福，赞颂的对象主要是皇帝。古人认为，天子的德行若能感动天地，上天就会降下福泽，保佑盛世永昌。元旦演出的《膺受多福 万福攸同》，戏里面就有福德星君率福星献福，唱颂皇帝。福德星君还召唤钟馗，让他跳舞献福，于是100名钟馗手里拿着青瓶，纷纷摆成"迎福""集福""锡福"字样，跳起舞来。《喜朝五位》演的是10个男女神仙在新年这一天从天上来到人间，祝贺皇帝万寿无疆。这10个男女还被神仙撮合成5对新人，然后一个大喜字便"喜从天降"，寓意新年喜气洋洋。《岁发

庆隆舞

庆隆舞是满族祖先未进关时的传统舞蹈，每逢大宴会，男女主人就带着宾客一起载歌载舞，庆贺好收成。有时，大家还会扮成两组：一方舞者头戴面具、身披兽皮，扮作动物，另一方舞者身着满族传统服装，扮作猎人，最后猎人打败动物，高高兴兴地回家。那时这个舞蹈叫"莽式舞"。

清朝的皇家大宴仍然保留着宴会期间跳舞的习俗，"莽式舞"改成"庆隆舞"，取隆重庆丰收的意思。皇帝在太和殿宴请大臣的时候，有大臣就会亲自为皇帝跳舞。被选上跳舞的大臣会备感荣耀。

四时》演的是太岁星的故事，新年来临，太岁星分别召唤春、夏、秋、冬四官，吩咐他们各自尽职，保佑国家风调雨顺。除了神道仙佛、贤臣雅士，节令戏里也会出现一些百姓和鬼怪，他们大多是搞笑逗乐的。如元旦晚间养心殿酒宴演的《开筵称庆》《贺节诙谐》讲的就是柳隆卿、胡子传骗吃骗喝反被戏弄的好玩故事，除夕节戏《如愿迎新》中灶夫人、土婆婆喝得迷迷糊糊，醉态百出。这些有趣的人物和情节，往往让人捧腹大笑，趣味无穷。

那么，这些有趣的节目是谁演出的呢？没错，宫里有"专业演员"。清朝初期，沿用明朝的教坊制度，在皇宫里设内廷乐部，从各地乐户中挑选一些人到宫里，专门负责演出。康熙时，将内廷乐部改为南府和景山，当时的"演员"达七八百人。道光时期，鸦片战争爆发，国力渐弱，皇帝将民籍艺人全部遣散了，又撤消南府改为昇平署。不过，咸丰帝后来又常常传唤外面的戏班到皇宫里演出。

清《平定台湾战图·清音阁演戏图》局部

宫里的"福"字为何这么珍贵

现在过年的时候，我们总爱贴"福"字，喜庆又热闹。古时候，宫里的皇帝也喜欢亲自写上一些"福"字。

清朝时，有的皇帝在过年的时候喜欢拿起笔，写下吉祥的"福"字。有时候，除了"福"字，皇帝还会翻新花样，写下"寿""龙""虎""福禄寿"等字贴在宫里。

清朝皇帝亲笔写"福"字的传统，始于康熙皇帝。他会把写好的第一个"福"字悬于乾清宫正殿——毕竟，皇帝写下的第一个"福"字最郑重，其他福字张贴在后宫、御花园等处，剩下的赐予王公大臣、内廷翰林——这对他们而言可是巨大的荣耀。最初，写福字的日期为除夕前几天，从1737年（乾隆二年）开始，皇帝定于十二月初一在漱芳斋开笔书福。

当天，按事先拟好的名单，有资格领取"福"字的贵族和大臣会衣冠整齐、恭恭敬敬地守在重华宫门外听候传唤。太监叫到名字，这个人就一路小跑，进入宫内"跪领"他的福字，就像来领他来年一年的好运气一样。

这么多的"福"字，皇帝一天可写不完，经常一写就写上好几天。外省那些没法亲自来领字的高官，要由驿站传送。皇帝还会加赏他们一份鹿肉，取"福禄"的谐音。大臣们个个都以领到"福"字为荣，将其视作珍宝。据说，乾隆年间在朝为官 31 年的一位尚书曾得到过 24 张"福"字。于是，他将家中的中堂命名为"二十四福堂"，生怕乡邻和客人们不知道他得的赏赐最多似的。

今天，皇帝们当时写的很多"福"字都丢失损坏了，连故宫里面都很少了，留存的只有恭王府的"福"字。传说这个"福"字本是康熙皇帝亲自为祖母孝庄太皇太后写的，老人家非常喜欢，让人刻在石碑上，放在自己居住的慈宁宫里。在 1962 年重修恭王府花园的时候，这个珍贵的福字在恭王府的秘云洞深处找到了。恭王府是乾隆宠臣和珅的宅子。有人推测，这是乾隆皇帝将这个福字赏赐给了和珅，而和珅专门修了个大假山，把"福"字放在山洞里面，取名叫"洞天福地"！

"天下第一福"

恭王府内的"福"字特别有趣：左偏旁的"示"看起来像"才"；左偏旁的"示"下方，看起来像"子"；右边上半部，看起来像"多"；右边下半部，看起来像"田"，整个福字，又像个"寿"字。所以，这个福字有五层意思：多子、多才、多田、多寿、多福，又称"福中有寿、寿中有福"。

皇帝会许什么新年愿望

自清朝雍正年间开始，每到正月初一，皇帝便会于子时来到养心殿东暖阁点燃玉烛长调烛台，将屠苏酒注入金瓯永固杯，用刻有"万年青"字样的毛笔写下吉祥的话语，有时上百字，有时几十字。写完祝福话，再喝掉屠苏酒，皇帝为新的一年祈福的仪式就结束了。这就是"开笔仪"。

那皇帝"开笔"会写一些什么样的吉利话呢？当上了皇

开笔仪

清宫元旦开笔仪，始于雍正皇帝。每到元旦时，皇帝子时到养心殿东暖阁，桌案上事先摆好盛有屠苏酒的金瓯杯和刻有"万年青"字样的毛笔。皇帝书写吉祥用语，并饮屠苏酒，以此为新的一年祈福。

帝还会有什么心愿呢？皇帝其实和平常人一样，也希望自己和家人都顺顺利利、平平安安的。雍正皇帝在位的前六年，开笔都会写"一入新年，宫中清泰平安……宫中清吉和宁"，可是到了第八年，他生了一场大病。于是，第九年，他开笔写下了"无灾无病，此吾之愿也"这样的话。

在乾隆被边疆战事困扰的十几年里，乾隆帝开笔都会写希望天下太平的祈愿。等到西北、西南的战事宣告结束，乾隆皇帝便在开笔中宣布"武成功定、休养生息"。从乾隆二十七年开始，他的开笔就成了"宜入新年、万事如意、三羊开泰、万象更新、和气致祥、丰年为瑞"。这24个字一直延续了33年。

他的儿子嘉庆皇帝在位的前几年，乾隆皇帝成了太上皇。嘉庆皇帝对父亲毕恭毕敬，不敢改动父亲一个字，在当皇帝期间，始终沿袭乾隆皇帝的这24个字。

同治、光绪、宣统时期，皇帝登基时，年龄都很小，小皇帝的开笔吉字都是由大臣代为拟好后，由小皇帝照抄一遍，他们并没有机会表达自己的新年祈愿。

开笔完成后，皇帝心情大好，便会高高兴兴地将装有如意的荷包赐给身边的人，有些贴身服侍皇帝的太监宫女，也会得到一份。荷包里的如意通常有金如意、银如意、玉如意和银钱，得了这样吉利的赏赐，宫里的人在新的一年工作起来，就更卖力了。

玉烛长调烛台

目前发现存世的玉烛台仅有两件，分别藏于北京故宫博物院和台北"故宫博物院"，均高达三层，像莲花宝座，薄薄的玉片晶莹剔透，刻着吉利的文字，雕着精美的花纹。"玉烛长调"，意思是四季调和顺畅，形容太平盛世。开笔时使用玉烛长调烛台，有着美好的寓意。

元宵节宫里看花灯吗

　　俗话说，正月十五看花灯，看完花灯才算过完大年。每年元宵节，赏花灯是最热闹的活动，街上到处是花灯，人头攒动，好不热闹。皇帝一家人当然也会聚在一起看花灯啦！那皇帝一家人能和百姓在一起看花灯吗？

　　皇帝一家可不会轻易出宫，于是宫里只能自己想办法办元宵花灯会了。明朝时，宫里面会举办"鳌山灯会"。为什么叫"鳌山"呢？在中国神话里，有个叫"鳌"的动物，模样有些像龟，但比龟要大多了，大到能驮着一座山在海上游走。"鳌山灯会"的意思大概就是说花灯像"鳌"那样大。

　　整个花灯十几米高，底部是上万盏的小彩灯，彩灯上面是数不胜数的宫灯，宫灯被做成各种动物的样子，天上飞的、

地上跑的、海里游的，千姿百态。有时，花灯旁边还装饰着同样高大的亭台楼阁。小灯都有自己的吉利名字和寓意："官人灯"表示步步高升；"蟾蜍灯"比喻应考得中；"兔子灯"意味着吉祥好运。据说明朝有一次举办灯会花费了十几万两白花花的银子。

正月十五举办"鳌山灯会"的时候，平时一步都不能走出宫门的妃嫔可开心啦，因为花灯特别高大，她们在自己居住的宫殿里面，就能真切地观赏灿烂的花灯。皇帝也会在宫

天灯

天灯是人们向神仙祈福用的。相传天灯起源于三国时代，由最有智慧的军师诸葛亮发明。诸葛亮字孔明，所以天灯又叫孔明灯。天灯原来是像气球那样放到天上，后来，人们尊重天神，会在寺庙或重要的大殿前面竖一根高高的柱子，挂上一盏长明灯，也叫天灯，就像现在高大的路灯一样。天灯悬起来以后，黑黑的宫殿一下子就变亮啦。

明《宪宗元宵行乐图长卷》局部

里设宴，让文武百官也能有机会近距离赏花灯。

在这一天，就连普通的老百姓，皇帝也特别恩准他们可以来到午门看花灯，这可是他们平时想都不敢想的大好事啊。很多百姓都会披上一身纸做的"花衣"，全家一起去看花灯！

到了清朝，朝廷不再举办"鳌山灯会"，不过皇宫里面还会点花灯赏花灯。乾隆时期，皇子经常会亲自动手，把花灯立在十几米的架子上。乾隆皇帝在妃嫔的陪同下，在高高的亭子上面看儿孙们点花灯，老老少少可开心呢！

但是，紫禁城里都是木制建筑，冬天天气干燥，而花灯堆得那么高，万一掉下来，会引起火灾。从明朝到清朝前期，宫里就发生了好多次火灾，最严重的一次，连太和殿都烧毁了。到了清朝雍正年间，皇帝曾下令宫内冬天"禁饬火烛"。不过，聪明的人们换了一个玩法。宫里面的太监宫女快到元宵节的时候，都会将水隔夜冻成大冰，用皮线锯开成块，挖成中空，放入好看的花灯，再用工具切削成各种吉利造型。

从此，赏花灯变成了赏冰灯，大家又能开开心心地玩了。

万寿灯

　　万寿灯没有天灯高，但比天灯好看得多，也是有着美好的寓意。万寿灯有整整六个面，披着各种彩色的装饰。整个故宫安设此灯的地方只有三处。灯楼里面安着六扇仙人风扇，即围绕一个木柱嵌有六扇绘有仙人的扇面，这六扇仙人可以转动，就像走马灯一样；上面还挂着16条灯联，可以边赏灯边猜谜语。

　　由于古代并没有起重机等重型起重工具，把一根几十米高的天灯或万寿灯灯柱立起来，就非常费时费力，从立到撤，前前后后要使用8000多人。到了1840年后，遭遇外国侵略，国家财力困难，道光皇帝就宣布过年不再点天灯和万寿灯了。

明《宪宗元宵行乐图长卷》局部

清《乾隆平定准部回部紫光阁赐宴长卷画》局部

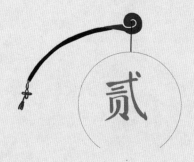

贰

宫里节日多

立春

立春是传统『二十四节气』之首，『立』的意思就是开始，立春意味着春天就要开始啦，如果立春那天正好是大年初一，更是大吉大利。据说古代『春节』的称呼，就来源于立春。

清院本《十二月令图》

立春为什么要"打牛"

　　每年的立春，皇帝都会穿上华丽的衣服，坐在宝座之上，等待一头牛的到来。京城的官员会把一头牛和一个人带到午门面前，进献给皇帝。这头神秘的"牛"为何能得到皇帝的青睐呢？原来，这头牛并不是真的牛，而是一头泥做的牛。在农业社会的古代，农民过完年的第一件事情，当然就是下田耕地啦。可春天才刚刚来到，耕牛也懒洋洋地不愿意下田干活，农民只好拍打着催它，因此立春又叫作"打春"。可是，耕牛是农民的宝贝，打坏了可怎么办？所以农民其实都只是挥着鞭子，意思一下就算啦！

　　皇帝一家人虽然不用耕地，但农业可是国家的根本，老百姓"打春"开工的时候，皇帝也要表示支持啊。但是，怎样才能既热闹隆重，又不会伤到用来耕地的春牛呢？

　　聪明的古人会用泥做一头"春牛"，再加上一个"打春"的泥人。不过这个"泥人"可就不是"人"了，而是传说中负责耕作的"神"，叫作"芒神"。

　　清朝时，每到冬至，礼部官员就找来泥塑匠人，在北京一个叫"春场"的地方，制作第二年立春专用的"春牛"和"芒神"。"春牛"和"芒神"的身高，以及"芒神"手里的鞭子长度，都很有讲究。比如春牛的身高四尺，象征着春夏秋冬四个季节；芒神手提的鞭子长二尺四寸，象征着二十四节气。

立春的时候，官员把"春牛"和"芒神"带到午门前。官员们手中还要拿着一幅《芒神春牛图》，当听见宣礼官高叫一声"时辰到"时，文武百官便会把画和一座"春山宝座"抬到乾清宫西暖阁，请皇帝仔细观赏后，再将"春山宝座"郑重其事地抬到太和殿东暖阁，把前一年的"春山宝座"撤下来送出宫外。为了祈祷风调雨顺，年年丰收，皇帝还会在延庆殿设下隆重的仪仗，向神仙们行九叩迎春礼，为万民祈福。

有时候，仪式会再简单一些，"春山宝座"上的"春牛"和"芒神"不会在宫里住上一整年，而是请皇帝看一眼就拉出来游街。

在这种情况下，泥塑"春牛"的肚子里，都会事先放好稻谷、麦子、大豆、玉米等五谷杂粮。游街到了一个合适的时间地点，地方官会率先手持彩杖，站在春牛旁边，击鼓三次，旁边的人们就可以随便来鞭打"春牛"。这象征春耕即将开始。

哎呀！"春牛"被一点点地打碎了，肚子里的五谷杂粮溢出来了！别急，这是五谷丰登、大吉大利的好兆头，今年，肯定又是一个丰收年！

吃春饼

古人又把立春吃春饼叫"咬春"。春饼的做法很简单，是将春天的时令蔬菜切成细丝，用薄薄的白面饼卷起来，蘸上酱料吃。到了清朝，宫里也有吃春饼的习惯，不过饼里的馅料就更丰富了。餐桌上会摆上鹿肉、熏猪肉、野鸡肉、野猪肉，也有酱瓜、胡萝卜、干扁豆、葫芦条、宽粉，荤素几十种切成长短一样的细丝，用薄饼卷起来，刷上甜酱吃。宫里上上下下，都特别爱吃！

皇帝也会耕田吗

1672 年，清康熙十一年农历二月初二，19 岁的康熙皇帝早早地就穿好了礼服，率领大臣们浩浩荡荡地出了紫禁城，来到先农坛。康熙换上龙袍后，祭祀了先农之神，之后开始行亲耕礼。皇帝像模像样地扶着耒（lěi），弯着腰在地里耕了三个来回，大臣们紧随皇帝，推着耒，撒着种子。皇帝和大臣为什么会亲自耕地呢？原来，这是古代重要的"亲耕礼"。因为中国的面积太大了，长江以北很多地方立春时天气还很冷，到了二月二，春天才算是正式开始，所以人们把农历的二月初二称为"春耕节"。"春耕节"来临，皇帝当然要为天下万民做出表率，亲自耕地才行。所以，会在二月选择一个好日子来亲自耕地。

但是，皇帝在哪儿耕地呢，宫里面可以吗？当然不行了，虽然宫里面地方很大，但没有农田，皇帝的"亲耕"地点就选在了"先农坛"。"先农坛"专门为皇帝留着一片"农田"，叫"演耕田"。

明朝皇帝亲耕的时候，有大臣扮作风、雷、雨、土地等诸位神仙，有好多官员扮作农民模样，有专门的歌唱团来唱歌。清朝皇帝亲耕时，"神仙"和"唱歌"就取消了，但基本程序没变，都是皇帝右手扶耒，左手执鞭，礼仪官高唱仪式开始，

演耕田

演耕田地正好"一亩三分"，长 11 丈、宽 4 丈，分 12 畦，中间的是皇帝的亲耕之位。皇帝会在这里象征性地扶犁耕田，以示为天下农夫的榜样。皇帝都在"亲自干农活"，王公大臣当然不能在旁边瞪着眼睛看，也要在两侧跟随耕种，称为"从耕"。

皇帝就开始"亲耕"，往返三个来回就完成了。

　　皇帝亲耕时使用的农具、耕牛，都要和百姓使用的差不多。农具好办，可以根据皇帝，特别是未成年小皇帝的力气适当修改、量身定做，但有时耕牛偏偏不听皇帝的话，还闹出过笑话呢。

　　传说嘉庆皇帝有一次亲耕的时候，耕牛耍起了"牛脾气"，站在那里不动，皇帝用尽全身力气推，就是推不动！再换一个，还是不行，皇帝着急吃力，非常尴尬。几位御前侍卫急得上前帮忙，耕牛禁不住侍卫们翻来覆去地折腾，勉勉强强地挪动了几下，皇帝赶紧就势推了几下，负责礼仪的官员见好就收，宣布皇帝亲耕结束！接下来王公大臣从耕时，情况更糟，这些耕牛就像约好了一样，一个比一个调皮，有的纹丝不动，有的到处乱窜，场面别提多混乱了。隆重的典礼只好草草收场，皇帝大怒之下，惩罚了相关的人员，连对农夫的赏赐也取消了。

皇后为什么喜欢养蚕宝宝

　　为了表示重视天下的农业，皇帝要亲自耕田，那么，皇后要做什么呢？原来，在皇帝忙着"耕田"的时候，皇后也没有闲着。她会在每年春季，选个吉利日子，穿着华丽的服饰，率领妃嫔和宫女，到距紫禁城不远的先蚕坛拜祭，举行"亲蚕礼"。

　　在中国古代，农桑是人们重要的农事活动。农人弯腰种地，种出好吃的食物；妇人们养好蚕宝宝，蚕宝宝吐出的丝就能织成光滑细腻的丝绸。

　　古代传说中，嫘（Léi）祖是开创养蚕业的始祖，她被尊称为"先蚕神"，也成了养蚕人信奉的神灵。养蚕人都祈盼有个好收成，早在周代便确立了祭祀"先蚕神"的祭典。典礼一直以来都是由皇后主持，皇后亲自采桑就是为了给天下的女子做出一个表率。每年春天，皇帝去先农坛拜祭农神祈求风调雨顺，而皇后则要在先蚕坛举行"亲蚕"典礼，代表

全国女性向上天祈祷。

举行"亲蚕礼"时，人们会早早地支起黄色的幕帐。幕帐之内，摆放着牛、羊、酒等祭品。祭祀过先蚕神后，如果当时蚕已出生，第二天就行躬桑礼；如果没有出生，躬桑礼就要等到蚕宝宝出生后再举行。到时候，皇后要手持金钩黄筐，妃嫔用银钩黄筐，其他人都用铁钩朱筐。大家在临时搭建的"桑林"里采集蚕宝宝最喜欢吃的桑叶。皇后在绿油油的桑林里采集几片叶子，便回到宝座上，看着桑林里的妃嫔和宫女们继续采集。这就算是皇后亲自采过桑叶了。

采桑时，陪同的太监也不会闲着，他们敲着鼓、唱着采桑歌，场面十分热闹。等到宫女和妃嫔们都采集好桑叶，平日负责照顾蚕宝宝的女官蚕母便会把好吃的桑叶送到蚕宝宝面前。

有些后妃在"亲蚕"后，会对采桑织布充满好奇，她们经过学习研究，也有些巧手善织的呢。据说慈禧太后对织布的程序能脱口而出，会指出专业织染女工染色时非常细小的失误，连陪同的女工都钦佩得不得了！

清 郎世宁《乾隆孝贤富察皇后祭蚕神亲蚕图》局部

清明

清明节，又称踏青节、行清节、三月节、祭祖节等，在公历4月5日前后。清明节和端午节、中秋节、春节并称为中国四大传统节日。中国人在清明节有踏青和扫墓祭祖的传统。

清院本《十二月令图》

一次有趣的坐火车祭祖

1903 年，清光绪二十九年，一辆火车从北京缓缓驶出，车上坐的正是当时中国的最高统治者慈禧太后和光绪皇帝，他们正坐着火车去拜祭祖先。

当时，火车是刚刚进入中国的"洋玩意儿"，制动设施很不完善，也很不平稳。如果火车开快了，什么东西不小心磕碰了太后和皇帝，不但司机全家倒大霉，负责这次祭祖旅行的大臣官员们，全都得受惩罚。所以，这辆"专列"开得特别慢，唯恐惹太后不满意。

慈禧太后的"卧室"车厢里，放着一张供太后一个人睡的传统红木架子大床，挂着漂亮的蚊帐。另一节车厢，摆着用贵重的紫檀木打造的太后宝座，镶（xiāng）着好多昂贵的美玉和宝石，车厢的四角还有个高大精致的木架子，上面摆着精美的花瓶。

这些花瓶很好看，可是万一在火车行驶的时候掉下来就麻烦了。这就对司机的驾驶技术有了非常高的要求，大臣们找到全国最好的火车司机张美，千叮咛万嘱咐，要他好好开。意想不到的事情还是出现了。慈禧太后说，在火车上也要像在宫里一样，除了她和皇帝，其他人都不能随便坐着，更不能坐在他们前面，火车司机，也要跪着开车！

这怎么行啊！大臣又和太后反复报告了好多次，最终太后稍稍让步：张美不用跪，但也不能坐在椅子上，而是一直站着，他的助手兼第二司机，则在旁边半跪半蹲着。

这次清明节皇帝太后坐火车祭祖，慈禧太后出尽了风头，那么其他皇帝在哪里祭祀祖先呢？

清军入关后，祭祀祖先的制度和仪式逐渐完善，主要场所有太庙、陵寝和以奉先殿为核心的宫廷内庙。

清朝承继明代的太庙，作为最为重要的皇帝宗庙，最初按季节举行祭祀，一般在春夏秋冬的第一个月及清明、除夕、万寿节等行礼，后来多次调整，清明节、中元节、万寿节就不再在太庙举行祭祀了。

清朝每年清明节、中元节、冬至和岁暮是规定的大祭之日。在这些日子里，皇帝要前往前代皇帝的陵寝进行拜祭或派王公大臣代祭。

端午

端午节为农历五月初五。传说战国时期的楚国诗人屈原在这一天跳江自尽，人们为了不让江河里的鱼吃掉他的身体，就将米团用粽子叶包好投入江中，后来就演变成吃粽子的习俗了。

清院本《十二月令图》

端午节皇宫里要吃掉多少粽子

　　1753 年，清乾隆十八年的端午节，皇宫里举行了一场丰盛的粽子宴，皇帝的餐桌上堆成了一座粽子山。有记载称，当时桌上足足放了 1276 个粽子呢。皇后的餐桌上，也摆了 400 个粽子，就连皇太后、妃嫔等人桌上，加起来也有 650 个粽子。

　　这么多的粽子，皇帝怎么吃得完呢？即使赏赐给文武大臣和太监宫女，坏掉前也还是很难吃完。剩下的粽子做什么呢？原来，接下来还有一场热闹的"射粽"游戏。

　　人们把很多不同馅料的粽子放在一个盘子里，让妃嫔们用小角弓射，射中哪一只，就吃哪一只。皇帝玩得非常开心，亲自赋诗"亲教宫娥群角黍，金盘射得许先尝"。角黍就是粽子的古称哦。

　　皇帝一家人在端午节一边玩一边吃粽子，别提有多高兴了。但要准备那么多粽子，御膳房的厨师们可累坏了。临近端午节时，御厨们便忙得热火朝天。他们准备了 600 多公斤糯米、200 多公斤白糖、50 多公斤奶油以及数不清的粽子叶。此时，宫里有闲暇的太监宫女，都被叫到御膳房来包粽子，有时候忙得晚上还要加班加点才行。仅仅是包粽子的细麻绳，就用了将近 10 公斤！

　　其实，清朝时吃粽子不是只农历五月初五一天，而是从农历五月初一就开始了！每到农历四月底，御膳房就要赶紧确定粽子的外形和内馅，比如枣子粽、果子粽、豆沙粽，交给皇帝亲自审核。皇帝拍板以后，御膳房的厨子们会立即进入"包粽子紧急状态"。

端午节除了吃粽子，皇帝一家人还要做什么呢？

吃完了粽子，皇帝还要和后妃一起饮雄黄酒，吃新采摘的时令水果，然后一家人再一起看场大戏。如果端午节皇帝一家人在圆明园，那就一定会去看一场赛龙舟。

驱五毒

每逢端午节，宫里都有佩香囊（náng）驱五毒的习俗，皇帝本人的朝冠上，戴着艾草尖，身上拴着五毒小荷包，皇后、皇太后及宫中女眷更会在头上戴五毒簪（zān）、艾草簪或绸布制的簪子。那么"五毒"都是什么呢？

"五毒"，就是古人心目中五种危险的动物，一般指蜈蚣、毒蛇、蝎子、壁虎和蟾蜍。古人认为端午节期间蚊虫毒物滋生，损害健康。如果随身携带绣有五毒图案的荷包或首饰，就会"以毒攻毒"，把毒物们吓得掉头就跑。

除了携带荷包，宫里面也会吃"五毒饼"，听着很吓人，但实际上就是像月饼那样的点心，只是在表皮上画出"五毒"的图案而已。

端午射柳

端午节时的北京，正是柳枝飘拂的好时节。明朝时，皇帝会带领武将及贵族子弟玩一种叫"射柳"的游戏。

"射柳"的比赛规则是将鸽子藏于葫芦或盒子内，悬挂在高高的柳树上，武将或贵族子弟用弓箭来射，以鸽子飞出来的高度以及射中葫芦的多少比出胜负，场面既紧张又有趣。

"射柳"的具体成绩，史书上没有记载，只知道所有射中葫芦的幸运儿，都会得到皇帝颁赐的彩色丝绸作为奖品。谁射中的葫芦越多，得到的赏赐也越多！

七夕

七夕节，又称乞巧节，是农历的七月初七。传说中，这一天牛郎织女通过鹊桥相会。在皇宫里，这一天妃嫔宫女聚在一起穿针引线，比赛谁的手艺最好，不分尊卑、上下同乐，这在宫里是非常少见的。

清院本《十二月令图》

宫里七夕这天玩什么

清朝时，每逢七夕节，皇宫里的皇太后、皇后、妃嫔，以及宫女们会围坐在一起穿针引线，这就叫"乞巧"，意思是请上天最巧的织女，把自己的"巧"分给大家一点点。

皇太后最喜欢率宫女们玩"丢针看影"，皇太后身份高贵，不用"乞巧"，但宫女们会请求织女保佑皇太后年老眼不花。最心灵手巧的宫女会用手指拈起一根绣针，轻轻地放在水面上，针要南北向，针尖向北、针孔向南。太阳光从针孔里照射出去，叫作"红日穿窗"，寓意大吉大利。

天黑以后，皇宫御花园里还会举办"赛针会"。参赛者是各宫的宫女和专门负责刺绣的绣女，"裁判"是皇太后、皇后、妃嫔，以及贵族格格们。当时还没有电灯，参赛者完全要凭微微的月光，穿20根细细的绣花针，还要每10个一组的针线套在竹签子上，竹签子的头上还要用带子结上蝴蝶形，以免针掉下来，再烧上4根香，以香烧完为截止时间。

在夜光下穿针实在是太难了，很多宫女都望而却步，但掌握规律的聪明绣女们却能得心应手：月亮底下穿针，光靠眼睛是不行，必须要凭手的感觉。

绣女们用左手小指甲挑起一根绣花针，再用拇指和食指一捻，就知道针孔在哪里。她们把针孔摆正，再用右手小指

"丢针看影"的针为什么会浮在水面上？

你一定知道，金属做的针再轻，也比水重，但为什么宫女们"丢针看影"的时候可以把针丢在水面上呢？这和提前一天晾"水皮子"大有关系。

每逢农历七月初六中午，小太监们都会帮助宫女们把"乞巧"用的青瓷钟形深斗的水盆洗净，盛上水放到门廊的太阳底下晒起来。据说这样就有了可以托起绣花针的"水皮子"。但是"水皮子"用眼睛是看不出来的，小太监会憋住气把鼻尖轻轻挨向水面，鼻尖感到凉丝丝的，但是又沾不了水，还能把水面轻微地压出一个坑，就说明水有"皮"了。这样，宫女们只要手稳，就可以玩"丢针看影"了！

挑起一根丝线，也是用拇指食指一捻，把丝线的线头捻紧，再用嘴唇轻轻一抿，线就又紧又滑，左手持着针再轻轻地往丝线上一套，针就穿上了！

在规定时间内，只要能把针穿齐的宫女绣女，都会得到太后、皇后，以及妃嫔格格们的赏赐。宫里的女子这一天会高兴地玩上一整晚。

夜深时，皇太后、皇后去休息，宫女们还会悄悄地在藤萝架下，放上几盆净水，谁要能看到月光下喜鹊飞过的影子，谁就有好运。宫女还会想方设法搞到几条鲜活的青虾，在七月初八的清晨，放在安静的地方，请搭桥的喜鹊享用，感谢它们搭鹊桥帮牛郎织女相会。

七夕这天，宫女们要"乞巧"，皇宫里制作的各种节日点心，也被称为"巧果"。"巧果"源于满族的传统点心——满洲饽饽。现在很受欢迎的萨其马、切糕、黏豆包等，都是满洲饽饽的一种。"巧果"是吸收了江南糕点制作的技法制出的节令美食，主要是以江米面为皮，放上油和白糖，再以芝麻、蜜糖、蜜饯、枣泥或绿豆沙为馅心，用模子压出各种吉利的图案，蒸熟或炸熟后，还要用红棉纸、红花水等染上颜色。

清 陈枚《月曼清游图册 桐荫乞巧》局部

中秋

中秋节指农历八月十五，因为那一天的月亮很圆，所以这一天古人讲究合家团圆，在一起赏月、吃月饼。

清院本《十二月令图》

中秋节，皇帝玩得真开心

每年的中秋节，小朋友们都会看月亮、吃月饼吧？那皇帝一家如何过中秋节呢？皇帝过中秋时最重要的事情就是拜月了——一般在农历八月十五下午开始准备，月出时昇平署的太监们奏起礼乐，皇帝就在寝宫的贡台拈香拜祭。有一个皇帝，把中秋节"玩"出许多花样，那就是清朝的乾隆皇帝。为什么呢？

原来，中秋节和乾隆皇帝农历八月十三的生日只差两天，所以乾隆皇帝时的中秋节前后就成了最热闹的日子。

乾隆皇帝经常会把万寿节和中秋节连起来，出宫过个小长假，比如去承德的避暑山庄。他会在蒙古包里吃烤全羊、看大戏、拜月吟诗。有人数了数，说他在位的 60 年，再加上退位后当太上皇的 4 年里，有 46 个中秋节都是在避暑山庄度过的。

古时候交通不便，从内蒙古、东北等地方到避暑山庄，要比到北京方便一些。在中秋节的时候，乾隆皇帝常常把内蒙古、东北，甚至连西藏的部落首领都请到避暑山庄，搭上蒙古包，一起商议国是，闲暇时吃喝玩乐。这些部落首领既然要来，一定会给皇帝带生日礼物的。皇帝也会回赏很多礼物，不会让他们空着手回去的。

乾隆皇帝是清朝最喜欢写诗的皇帝，一生写了 4 万多首。在古人都喜欢作诗的中秋节，他就写过 100 多首呢。

皇帝在承德的寝宫叫烟波致爽殿，殿后有一处叫云山胜地的两层阁楼，是个特别适合赏月的场地。阁楼上，视野开阔，可远眺湖光山色。乾隆曾在这里诗意大发，在诗中期待"荷桂同放"，就是让桂花和荷花在中秋这一天同时开放！这可难坏了花匠们。那时节倒是荷花满池，可是还没有到桂花开放的时候。花匠们绞尽脑汁，终于在乾隆二十四年培育出了盆栽桂花。乾隆皇帝终于实现了荷桂同放的愿望，非常开心。

　　乾隆自在地在避暑山庄过完农历八月十五，第二天一早一般会带领皇子和王公贵族们前往木兰围场打猎。这是清代皇家的传统，目的是让从小就有一大堆人服侍的皇家子弟像老祖宗那样勇敢战斗，史书上称为"木兰秋狝（xiǎn）"。

　　据说，木兰围场是清康熙皇帝命人圈起来的，乾隆皇帝还是皇孙的时候，就跟着爷爷康熙皇帝到木兰围场打猎。人们在这里一天打到过 300 多只兔子呢。

皇宫里的月饼竟然这么大

和我们一样，吃月饼也是皇帝一家人在中秋节要做的一件重要的事，但他们的月饼可不是现在的小月饼，而是大大小小一圈儿套一圈儿，最大的一圈儿，重量有5公斤呢，像个小圆桌那么大。

有史料记载，1889年，清光绪十五年的中秋节，光绪皇帝命令御茶房的人切月饼。御茶房的人们切啊切，把月饼切成了37块，皇帝把一块块月饼发给皇太后、皇后、妃嫔、太监、总管……你看紫禁城里的月饼多大啊！

皇宫里为什么要把月饼做这么大呢？原来，在古时候，月饼在自己吃之前，要先供奉给神仙。每到中秋节，乾清宫前面就要摆上一张供桌，供桌中间，挂着一张神仙的画像，描绘月宫的场景：仙女嫦娥悠闲地坐着，旁边的玉兔在捣药。那个最大最重的5公斤的月饼，就摆在画像的前面，月饼表面用模子刻着很多有寓意的花纹，有嫦娥住的广寒宫，有拿着药杵的玉兔，还有一旁的桂花树。月饼的左边放上苹果、梨、柿子，右边摆上葡萄、石榴、桃和西瓜，供神仙"享用"。

到了晚上月亮初升的时候，皇帝要带头向神仙上香行礼，皇后和妃嫔跟着行礼。仪式完成后，皇帝一家人就可以高高兴兴地围坐在一起吃月饼了。而供桌上的月饼要由大到小摆

兔儿爷

中秋节的时候，宫里的小皇子最开心的事情就是收到兔儿爷了！兔儿爷的原型是什么呢？就是传说中和嫦娥姐姐在月亮里做伴的玉兔。传说有一年，北京城里起了瘟疫，月宫里的嫦娥看到了，非常心疼，就派玉兔下凡给百姓治病。玉兔到各个人家打扮得都不一样，有时候还穿着盔甲。为了能给更多的人治病，玉兔还会骑上马或狮子、老虎，走遍京城内外。人们为了感谢玉兔，就用泥捏出一个身着盔甲的玉兔形象。

成一个小小的塔，还真有点儿像我们的生日蛋糕呢！最大的月饼一般在拜月之后就要放到阴凉处晾干，据说可以从中秋一直保存到除夕的晚上，取"团圆"之意。

皇帝也会把月饼分享给帮助他操劳国事的王公贵族和文武大臣。皇帝赏赐给他们包装十分好看的月饼，有的月饼盒就有几十斤重，里面有4寸月饼5块，两寸半月饼10块，自来红、自来白各15块，奶皮月饼10块，同样也是大月饼套小月饼，还有应季瓜果，能让贵族大臣一家人吃上好几天！

在明朝，中秋节除了吃月饼，皇后还会率领妃嫔们吃蒸熟的红通通的大螃蟹。不过吃螃蟹的讲究有点儿多，皇后会让心灵手巧的妃嫔仔细地把螃蟹肉一丝丝地剔出来，再把蟹壳整整齐齐地摆回原来的形状，摆得最好的，还能得到皇帝皇后的奖赏呢。

重阳

重阳节是农历九月初九，在古人看来，「九」为最大的阳数，两个「九」重在一起是个吉祥的好日子。重阳节这天往往秋高气爽，古人会相约外出游玩、登高远望、赏菊吃重阳糕。

清院本《十二月今图》

重阳节，吃花糕

重阳节登高的时候，吃什么呢？当然是花糕啦，因为"糕"和"高"是同音字。

早在宋朝，人们就在重阳节吃花糕了，到了清朝的皇宫里面，花糕做得更加精致。人们把江米或黄米捣碎，加上很多甜甜的果子，蒸熟就是花糕啦！花糕有两层的，有三层的，更棒的是糕上还插上各种纸制的小旗子，登高吃花糕的时候，旗子随风飘扬，可好看啦！

御膳房在农历八月底就忙开了，准备各种做花糕的原料：先把最好的糯米、黄米、大米磨成粉，再把红枣、核桃、松子切成比指甲盖还小一半的碎块，同时还要熬蜂蜜、炼奶油。

到了农历九月初一，御膳房就把做好的各种各样玲珑可爱的黏花糕、奶油花糕、鸡蛋松仁馅花糕装进一个个小箱子里。皇帝一家人就可以开开心心地分花糕了，可以一直吃到农历九月初九重阳节当天的晚上呢。

当然，和端午节吃粽子时一样，作为"一家之主"的皇帝分得最多，一天就会得到两箱；皇太后和皇后一天只能得到一箱；其他人得到的虽然更少，不过也足够连吃9天了！

按照习俗，除了吃花糕，重阳节更重要的事情是登高。古时候交通不便，要是重阳节期间皇帝一家人住在圆明园，还可以爬爬香山，但如果住在紫禁城里面，只能就近登景山，甚至御花园的亭子了。

明朝的时候，宫里有一套比较复杂的过节程序。农历九月初一吃重阳糕那天，皇帝的宝座前，会摆上秋天最漂亮的花儿——菊花。到了农历九月初四，大臣都会穿上绣着菊花纹样的"花衣"表示庆祝。在九月初九当天，皇帝会登上景山的最高处，俯瞰整个北京城，然后回到后宫大摆宴席：饮菊花酒，吃麻辣兔，看以秋收为主题的大戏，和端午节、中秋节一样热闹！

到了清朝，重阳节仪式已经很简单了，不再摆大宴，但还是要吃花糕庆祝。宫里还会摆上好多金黄的菊花，强调过节的气氛。再后来，到了清朝末年，宫里的菊花太多，都放不下了。慈禧太后就在离宫颐和园种着三四千盆、近百种类别的菊花。

古人为什么爱吃菊花

菊花是花朵中的强者，当百花凋零之后，菊花还能迎着寒风跳舞。古人们认为喝菊花酒能够延年益寿，所以会在重阳节喝菊花酒，祈求长命和平安。

古人会把菊花花瓣泡酒喝，热爱菊花的慈禧太后还发明了菊花火锅。菊花火锅和现在的涮火锅一样，把煮开的鸡汤倒入火锅里，投入洗净的菊花花瓣和鸡肉片、鱼肉片，不配任何作料直接吃。鸡肉片、鱼肉片在鸡汤里面烫熟的滋味已经够鲜美了，加上菊花透出来的清香，格外别致！

冬至

冬至一般在公历的 12 月 21 日到 23 日之间，是北半球一年中白天时间最短的一天。过了冬至，北半球的白天逐渐变长，春天就快要来了。这是一个新的循环的开始，是大吉大利的日子。

清院本《十二月令图》

冬至到，皇帝要祭天

皇帝自称天子，就是天的儿子，所以皇帝对天是相当尊敬的。中国的君王们自古就有祭天的传统，祈求上天保佑国家风调雨顺、五谷丰登、国泰民安。那为什么选在冬至呢？原来，古人认为冬至代表着一个新的循环开始。所以，皇帝会在冬至到天坛祭天，第二天在太和殿接受文武百官的朝贺。

祭天是古代祭祀典礼中最隆重和烦琐的。皇帝和陪祭的官员们在祭天之前，都必须斋戒，一般是三天，皇帝不能喝酒吃肉，官员不能参加宴会，不吊丧、不祭神、不扫墓。

这一天，宫外整齐摆列好仪仗队，最前列的是四头大象，后面再跟五头大象，身披珠宝毯子，还要背着宝瓶；再后面是乐队和各种车辆；最后才是皇帝的队伍，浩浩荡荡，绵延数里。

皇帝身着象征"天"的颜色的天青色祭服祭天。大约在凌晨四点，天蒙蒙亮的时候，皇帝就出发了。皇帝经过的道路要铺撒黄土，胡同街口要用青布遮挡，以便祭天队伍平稳抵达天坛。

祭天仪式开始后，皇帝要从圜丘二层走入一层，三上香后回到二层拜位，带领王公大臣三跪九叩，然后升坛走到神位前，将玉帛、供品等献上，这时，读祝官会朗读祝文。接下来，

《九九消寒图》

从冬至开始，宫里面从皇帝到后宫妃嫔都会挂上《九九消寒图》，每张《九九消寒图》都是由81个笔画或图案组成。比如道光年间，在皇帝居住的养心殿就曾悬挂着"亭前垂柳珍重待春风"这九个字的繁体版。这些文字都是黑边空心的，每过一天，皇帝本人或派太监宫女用红笔或黑笔把一个笔画的空心填满，这样填完九个字，也就数完了"九"，春天就要来了。

由皇帝进行初献礼，亚献、终献礼，由太子、王公大臣执行。皇帝本人接受福酒、胙肉后，再度行三跪九叩礼。最后撤去供品放到燎炉焚烧。

如果碰到皇帝老幼体弱或者带兵打仗等情况，皇帝会派大臣代为祭祀，这对大臣来说，是极为崇高的荣誉。清康熙皇帝当了61年皇帝，派官员代祭多达18次。

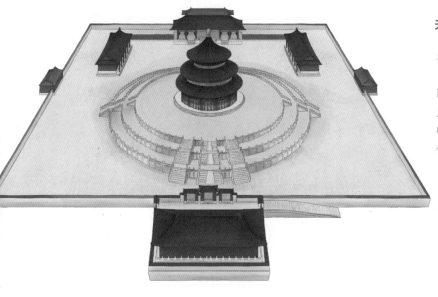

天坛

天坛建于明永乐十八年（1420年），与紫禁城同时建成，是明清两朝皇帝祭天，祈求风调雨顺、五谷丰登的地方，位于故宫的东南方向。

皇宫里的千人冰上运动会

每年冬至以后，宫里会在太液池举行盛大的冰嬉活动，皇帝会到现场检阅观赏。冰嬉项目有冰上射箭、冰球、单人花样滑、双人花样滑等。他们还能在冰上表演童子拜观音、凤凰展翅、金鸡独立。

据说，清王朝的开创者努尔哈赤的领地墨根城有一次遭受蒙古部落的猛烈围攻，眼看就要城破人亡，情况十分危急。努尔哈赤命令费古烈部队立即北上救援。为什么要选这支部队呢？原来，费古烈部队有项厉害的本领——善于在冰上行军作战。

这支部队的士兵配有乌拉滑子（一种滑冰工具），他们把炮架在爬犁（雪橇）上，沿着冰层飞速前进，一天急行700里。等他们到达时，墨根城几乎要被敌人攻破了，费古烈的救援部队炮火齐鸣，本以为胜利在望的蒙古巴尔虎特部落被打败了，墨根城之围也随之解除。

这次之后，努尔哈赤更加重视部队的冰上作战能力，他把冰上运动列入军事项目，还在皇室贵族和民众中大力推行冰嬉运动。清军入关后，将这项运动普及起来，宫廷冰嬉逐渐成为清朝的"国俗"。

冰嬉是当时规模庞大的冰上表演，花样繁多，表演的技艺高超，既有金鸡独立、哪吒闹海、双飞燕等花样滑冰，又有爬竿、翻杠子、飞叉、耍刀等杂技滑冰，还有惊险刺激的溜冰射箭等项目。

最吸引人的项目有抢等、抢球，这些比赛能持续两到三天，优胜者能得到丰厚的奖赏。抢等类似今天的速度滑冰，八旗兵身穿箭衣、踩着冰鞋，在发令官发出信号后，争先恐后地奔向皇帝所在的冰床，最先到达的人能够得到皇帝亲赐的赏品呢。

抢球又叫"冰上蹴（cù）鞠"，类似冰上足球，八旗兵分成红、黄两队，射入对方旗门的球多者为获胜方。士兵们穿着特制的带铁齿铁条的冰鞋奔跑，用手抢接抛掷或用脚踢球，王公大臣也一改平日的严肃拘谨，纷纷摇旗呐喊，场面十分精彩。

1767 年（乾隆三十二年），冰嬉作为国家仪典被编入《皇朝通典》，确立了冰嬉作为皇家大典的地位。从乾隆朝至嘉庆朝，在近百年的时间里，冰嬉每年一次，几乎从未间断，这在世界滑冰史上也是史无前例的。

清 张为邦、姚文翰《冰嬉图》局部

清《光绪大婚图》局部

叁

宫里的大典礼

皇帝怎么过生日呢

小朋友们过生日都会美美地吃上一份生日蛋糕，那皇帝怎么过生日呢？

史书上就记载了清朝康熙皇帝60岁生日那天的盛大场景。紫禁城的城门、宫外的店铺几乎都贴上了"寿"和"福"字，到处彩旗飘飘。在宫里宫外的大小戏台上，还上演着一出出精彩的大戏，就连百姓们也会早早地下班，在戏台旁看戏凑热闹。

康熙皇帝不仅打算自己庆祝生日，他还曾邀请城里的老人一起庆祝。康熙决定，凡是65岁以上的老人，不论是百姓还是官员，都能到京城来参加聚餐，他还让自己的皇子皇孙为老人们敬酒和分发食物！

皇帝的生日叫万寿节，这可不仅仅是皇帝一家人的好日子，全国的百姓都要祝贺，这叫"普天同庆"。

生日虽然年年都要过，但要是年年摆排场，就太劳民伤财了，所以皇帝一般在十年整寿，如50岁、60岁、70岁的时候，才隆重庆祝一番。皇帝的母亲——皇太后十年整寿的时候，也会和皇帝的生日进行同样规模的庆祝，只不过名称改了一个字，叫"圣寿节"。

每逢整寿的万寿节或圣寿节，北京城就热闹开了，全城

万寿节

皇帝的生日被称为万寿节，取万寿无疆的意思；为皇帝祝寿，是皇宫里重要的典礼活动。太后的生日叫圣寿节，皇后和皇子的生日叫千秋节。万寿节是全国性的节日，京城的主要街道会被人们用彩画、布匹等包装得绚丽多姿。各地文武百官要设置香案，向京城方向行礼。

上下一起看大戏！

　　一般情况下，皇帝一家人过节看的戏都是由宫里太监组成的皇家戏班来完成。但万寿节不一样，戏台太多，需要的戏班太多，于是，大臣们就搜罗全国最好的戏班子，把他们送到北京来演出。乾隆80岁万寿节的时候，来自南方徽商出资经办的徽班演得特别好，上到皇帝下到百姓都特别喜欢，庆寿演出后他们留在了北京。徽班进京是京剧孕育和形成的前奏。

　　如果皇帝一家人住在圆明园，在万寿节前几天会回到紫禁城。这时，上到王公大臣，下到黎民百姓都会夹道迎接。

　　有一次，乾隆皇帝想在母亲崇庆皇太后60岁圣寿节给她个惊喜，让平时不能出宫的母亲也能得到百姓的祝福，于是让她在两岸万众簇拥之下乘船破冰从圆明园进入京城。没想到的是，圣寿节正赶上农历十二月，天气很冷，河面的冰冻得太结实了，太后坐的冰船无法破冰，只得在冰上被缓慢地拉进京城，这让皇帝十分尴尬。

　　到了万寿节当天，皇帝就不能出宫了。为什么呢？因为皇帝先要到太庙，也就是皇帝的家庙里去行礼，再移驾太和殿接受身着花衣的王公百官的三拜九叩礼，再回到内宫接受皇后妃嫔的行礼。这之后，皇帝才正式开始他的生日宴。

　　那皇帝在生日宴上会不会吃生日蛋糕呢？那时候的皇帝可没有蛋糕吃，不过他吃的食物可是丰盛极了。

　　皇帝的餐桌上摆的餐具都有"万寿无疆"的字样，那天饭菜的名字也很讲究，比如"玉掌献寿""父子同欢""长寿龙须面"，都是御膳房绞尽脑汁想出来让皇帝高兴的。家宴的歌舞也是必不可少的，崇庆皇太后 60 岁圣寿节的时候，乾隆皇帝甚至身着彩衣亲自跳了一曲。到了乾隆皇帝本人 80 岁万寿节的时候，则由他的皇子、皇孙、皇曾孙、皇玄孙身着彩衣为他起舞，虽然步法没有专业演员优美，但八旬天子、五世同堂的繁华景象，也是很少见的。

清宫餐具

好玩的生日礼物

　　皇帝一家人过生日的时候，会收到生日礼物吗？他们会收到什么样的生日礼物呢？

　　每逢万寿节或圣寿节，大臣们都会很头疼。皇帝、太后早就看惯了金银珠宝，宫里什么都不缺，到底送什么礼物才能让皇帝、太后高兴又确保不会出差错呢？

　　为了稳妥，王公贵族最喜欢送的就是寿字花瓶和寿字图，

皇帝和太后喜欢，也不会出什么差错。但是为了送出新意，他们也是绞尽脑汁了。像清康熙皇帝万寿节收到的青花万寿字大瓶就是一件非常特别的礼物。瓶子虽然只有 77 厘米高，上面却密密麻麻地写了一万个由不同书体的篆字书写的"寿"字，排列整齐，纵横成行，字体大小肥瘦随器身的凹凸曲折而加大或缩小，顺畅自然，即使现在都很难做到。

清康熙青花万寿字大瓶

在乾隆年间，崇庆皇太后每次过完圣寿节，紫禁城的御用画师就开始绘画庆寿图，记载圣寿节的盛大场景，一画就是 10 年。这些画画好就作为寿礼送给太后，像最有名的《六旬庆寿图》画完就作为皇太后七十大庆的寿礼送给她了。到了清朝末年，慈禧太后庆贺圣寿节的时候，依然有送"庆寿图"的习俗，比如《群仙祝寿大寿字图》的画面就是一个巨大的寿字，笔画内填画着天宫的瑶池仙境。

在康熙皇帝 60 岁万寿节的时候，皇三子率诸位皇子皇孙进献两组寿字纹屏风，这组围屏边框使用贵重的紫檀木制作，雕刻着复杂的龙纹。

《群仙祝寿大寿字图》

一组刻着皇子辈作的七言祝寿律诗，一组刻着孙辈作的五言祝寿律诗，每组 16 扇。背面还刻着不同篆体的寿字，皇子围屏的诸多作者中，年纪最大的皇子就是皇三子本人，当时已经 30 多岁，年纪最小的皇子只有两岁，他的诗文应该就是兄长代笔了。

盛大的登基典礼

1661 年，正月初九，紫禁城的太和殿举行了一场盛大的登基典礼，清王朝迎来了一位新皇帝。他就是 8 岁的玄烨，也就是后来大名鼎鼎的康熙皇帝。在这之前的两天，他的父亲顺治皇帝去世，将皇位传给了玄烨。

凌晨的时候，皇宫里就开始为这场典礼忙碌了。太和门外陈设着皇帝的步辇；太和门屋檐下，陈设丹陛大乐、中和韶乐的乐器；太和殿广场东西两侧，则陈设着旌旗、伞盖等卤簿仪仗。

太和殿所有的大门全部打开，大学士会同礼部官员提前将皇帝登基的诏书、写有贺词的表文、笔墨纸砚等放在不同的桌案上，皇帝玉玺被放在皇帝宝座正南方的桌案上。在选定的吉时到来时，玄烨登上宝座，接受百官的叩拜，成为国家新的主人。玄烨当了 61 年皇帝，是中国历史上在位时间最长的一位。

因为顺治帝刚刚去世，中和韶乐、丹陛大乐只是陈列在那里，并不奏响，以向天下表示皇帝对父亲的孝道。

登基仪式盛大而烦琐，根据《清会典图》和《会典事例》的描绘，皇帝登基的前一天清晨，要派遣大臣分往天坛、地坛、太庙、社稷坛祭告，向天地祖先说明新皇登基的消息。当天

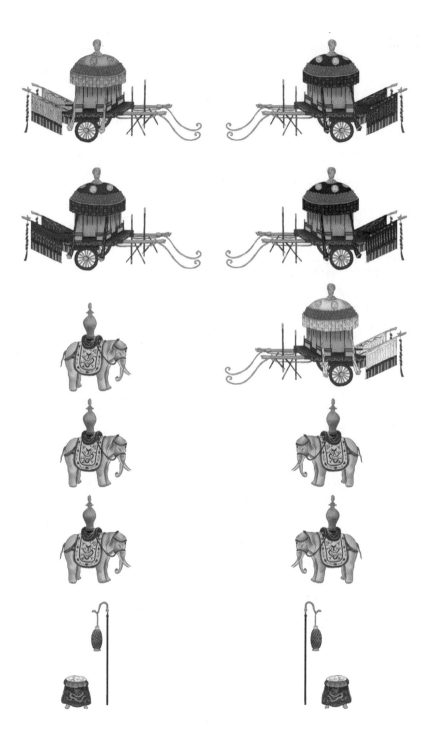

卤簿

古代帝王驾出时随从的仪仗队。汉代以后，仪仗队也用于后妃、太子、王公大臣等。法驾卤簿是清朝皇帝的专用卤簿之一。朝会时或皇帝亲祭时使用，由宝象、车辂及五色龙旗、翠华等诸多器件组成。举行朝会时，陈列在太和门前和午门外。

凌晨四点，即将上任的皇帝要穿着孝服在先皇灵前行三跪九叩礼，祇（qí）告自己将受命登基。然后，在乾清宫的侧殿换上皇帝的礼服，穿戴整齐后，再到皇太后的宫殿里行三跪九叩礼。这时乾清宫中门会垂下帘子，表示先帝的丧事暂停。

皇帝登上宝座，是典礼的高潮部分，太和殿倒放的九龙曲柄伞会缓缓升起，代表皇帝已经在殿里坐稳，随后鸣鞭三下，王公大臣在鸣赞官的口令下，向皇帝行三跪九叩礼，内阁学士将"皇帝之宝"玉玺印在即位诏书上。

在这之后，登基典礼还有个重要程序，叫作"金凤颁诏"，就是把盖上皇帝"御宝"的即位诏书，放在天安门的宣诏台上，由宣诏官用汉语和满语宣读。之后，诏书被放在一只木雕金凤的嘴里，再用黄绒绳系上，从城楼上放下来，礼部官员托着云盘跪接，用龙亭将诏书抬到礼部，逐一抄录后，分送各地，昭告天下。这样，全国的老百姓就知道有一位新皇帝登基啦！

清 郎世宁《乾隆平定准噶尔得胜图》局部

紫禁城里的生活比我们想象的要丰富，在宫里过节也比我们描述的更加精彩。这本书就像一部时光机，带我们回到历史，围观紫禁城里的多彩生活与热闹节日。

时光易逝，传统不老，中国节是中华文化的载体，有着浓浓的"中国味"。它连接着皇宫大内和寻常百姓，充满仪式感，让岁月变得绚烂多彩、有滋有味。它饱含着丰富的人文内涵，渗透在庆典里、花灯里、美食里、服装里……久久流传，魅力不减，一代又一代传承着中华文化。

中国节属于过去，属于今天，也属于未来，它融在我们的血脉里。